Impressum
Verlag: BABADADA GmbH, Nedderfeld 112 , 22529 Hamburg
Geschäftsführer / Verlagsleitung: Harald Hof
Druck: Books on Demand GmbH, In de Tarpen 42, 22848 Norderstedt

Imprint
Publisher: BABADADA GmbH, Nedderfeld 112 , 22529 Hamburg, Germany
Managing Director / Publishing direction: Harald Hof
Print: Books on Demand GmbH, In de Tarpen 42, 22848 Norderstedt

das Klassenzimmer
sajili

dividieren
kugawanya

186/2

die Tafel
ubao

der Schulhof
eneo la shule

der Lehrer
mwalimu

das Papier
karatasi

schreiben
kuandika

der Stift
kalamu

der Schreibtisch
dawati

das Lineal
rula

das Buch
kitabu

die Schüler
mwanafunzi

der Ranzen
mkoba

die Federmappe
kikasha cha penseli

der Bleistift
penseli

der Bleistiftanspitzer
kichonga penseli

das Radiergummi
mpira

der Zeichenblock
pedi ya kuchora

die Zeichnung

uchoraji

der Pinsel

brashi ya rangi

der Malkasten

sanduku la rangi

die Schere

mkasi

der Klebstoff

gundi

das Übungsheft

daftari

die Hausaufgabe

kazi ya nyumbani

die Zahl

nambari

addieren

jumlisha

subtrahieren

ondoa

multiplizieren

zidisha

rechnen

kokotoa

der Buchstabe

barua

das Alphabet

alfabeti

das Wort

neno

der Text

maandishi

lesen

kusoma

die Kreide

chaki

die Stunde

somo

das Klassenbuch

sajili

die Prüfung

uchunguzi

das Zeugnis

cheti

die Schuluniform

sare za shule

die Ausbildung

elimu

das Lexikon

elezo

die Universität

chuo kikuu

das Mikroskop

darubini

die Karte

ramani

der Papierkorb

kikapu cha kuweka karatasi
chafu

das Hotel
hoteli

die Herberge
hosteli

die Wechselstube
ofisi ya ubadilishanaji

der Koffer
sanduku

das Auto
gari

die Sprache

lugha

ja / nein

ndiyo / la

Okay

sawa

Hallo

hujambo

der Übersetzer

mtafsiri

Danke

Asante

Was kostet...?

kiasi gani ni ...?

Ich verstehe nicht

Sielewi

das Problem

tatizo

Guten Abend!

Jioni njema!

Guten Morgen!

Habari za asubuhi!

Gute Nacht!

Usiku mwema!

Auf Wiedersehen

kwa heri

die Richtung

mwelekeo

das Gepäck

mizigo

die Tasche

mfuko

der Rucksack

shanta

der Gast

mgeni

das Zimmer

chumba

der Schlafsack

begi la kulalia

das Zelt

hema

die Touristeninformation

taarifa ya utalii

der Strand

ufuo

die Kreditkarte

kadi

das Frühstück

kifunguakinywa

das Mittagessen

chakula cha mchana

das Abendessen

chakula cha jioni

die Fahrkarte

tiketi

der Fahrstuhl

kuinua

die Briefmarke

muhuri

die Grenze

mpaka

der Zoll

mila

die Botschaft

ubalozi

das Visum

visa

der Pass

pasipoti

das Flugzeug
ndege

das Schiff
meli

das Feuerwehrauto
injini ya moto

der Bus
basi

der Lastwagen
lori

das Motorboot
motaboti

das Fahrrad
baiskeli

das Auto
gari

die Fähre

feri

das Boot

mashua

das Motorrad

pikipiki

das Polizeiauto

gari la polisi

das Rennauto

gari la mashindano

der Mietwagen

gari la kukodisha

das Carsharing

kushiriki gari

der Abschleppwagen

lori la kuvuta

das Müllauto

ukusanyaji taka

der Motor

motor

der Kraftstoff

mafuta

die Tankstelle

kituo cha mafuta

das Verkehrsschild

ishara trafiki

der Verkehr

trafiki

der Stau

msongamano

der Parkplatz

maegesho

der Bahnhof

kituo cha treni

die Schienen

reli

der Zug

garimoshi

die Straßenbahn

tremu

der Wagon

gari la mizigo

der Helikopter

helikopta

der Flughafen

uwanja wa ndege

der Tower

mnara

der Passagier

abiria

der Container

chombo

der Karton

katoni

der Karren

mkokoteni

der Korb

kikapu

starten / landen

ondoka

die Stadt

jiji

das Dorf

kijiji

das Stadtzentrum

katikati ya jiji

das Haus

nyumba

das Kino
sinema

die Werbung
tangazo

die Straßenlaterne
taa za mitaani

die Straße
barabara

das Taxi
teksi

der Kiosk
duka la vitafunio

der Fußgänger
mtembea kwa migu

der Bürgersteig
njia ya waenda kwa miguu

der Zebrastreifen
kivuko

die Mülltonne
pipa

die Kreuzung
kuvuka

die Ampel
taa za trafiki

die Hütte
kibanda

die Wohnung
gorofa

der Bahnhof
kituo cha treni

das Rathaus
ukumbi wa mji

das Museum
Makavazi

die Schule
shule

die Stadt - jiji

die Universität

chuo kikuu

die Bank

benki

das Krankenhaus

hospitali

das Hotel

hoteli

die Apotheke

duka la dawa

das Büro

ofisi

die Buchhandlung

duka la kitabu

das Geschäft

duka

der Blumenladen

duka la maua

der Supermarkt

dukakuu

der Markt

soko

das Kaufhaus

idara ya kuhifadhi

der Fischhändler

mwuza samaki

das Einkaufszentrum

kituo cha ununuzi

der Hafen

bandari

der Park
Hifadhi

die Bank
benki

die Brücke
daraja

die Treppe
vidato

die U-Bahn
chini ya ardhi

der Tunnel
handaki

die Bushaltestelle
kituo cha mabasi

die Bar
bar

das Restaurant
mgahawa

der Briefkasten
sanduku la posta

das Straßenschild
ishara ya barabara

die Parkuhr
mita ya maegesho

der Zoo
bustani ya wanyama

die Badeanstalt
kidimbwi cha kuogelea

die Moschee
msikiti

der Bauernhof

shamba

die Umweltverschmutzung

uchafuzi

der Friedhof

makaburini

die Kirche

kanisa

der Spielplatz

uwanja wa michezo

der Tempel

hekalu

die Landschaft
mazingira

das Blatt
jani

der Wegweiser
ishara ya mwelekeo

der Weg
njia

die Wiese
malisho

der Stein
jiwe

der Baum
mti

der Wanderer
mtembeaji wa masafa

der Fluss
mto

das Gras
nyasi

die Blume
ua

das Tal

bonde

der Berg

kilima

der See

ziwa

der Wald

msitu

die Wüste

jangwa

der Vulkan

volkano

das Schloss

ngome

der Regenbogen

upinde wa mvua

der Pilz

uyoga

die Palme

mtende

der Moskito

mbu

die Fliege

kuruka

die Ameise

chungu

die Biene

nyuki

die Spinne

buibui

die Landschaft - mazingira

der Käfer

mende

der Frosch

chura

das Eichhörnchen

kuchakuro

der Igel

nungunungu

der Hase

sungura

die Eule

bundi

die Vogel

ndege

der Schwan

swan

das Wildschwein

nguruwe mwitu

der Hirsch

kulungu

der Elch

aina ya kongoni

der Staudamm

bwawa

das Windrad

tabo ya upepo

das Solarmodul

nishaji ya jua

das Klima

hali ya hewa

der Kellner
mhudumu

die Speisekarte
menyu

der Stuhl
kiti

die Suppe
supu

die Pizza
piza

das Besteck
vilia

die Tischdecke
kitambaa cha mezani

die Vorspeise

kiamsha hamu

das Hauptgericht

kozi kuu

die Nachspeise

kitindamlo

die Getränke

vinywaji

das Essen

chakula

die Flasche

chupa

das Fastfood

chakula cha haraka

das Streetfood

Streetfood

die Teekanne

buli

die Zuckerdose

kisanduku cha sukari

die Portion

sehemu

die Espressomaschine

mashine ya espresso

der Hochstuhl

kiti kirefu

die Rechnung

muswada

das Tablett

trei

das Messer

kisu

die Gabel

uma

der Löffel

kijiko

der Teelöffel

kijiko cha chai

die Serviette

nepi

das Glas

glasi

der Teller

sahani

der Suppenteller

sahani ya supu

die Untertasse

sufuria

die Sauce

mchuzi

der Salzstreuer

kichanyaji chumvi

die Pfeffermühle

kinu cha pilipili

der Essig

siki

das Öl

mafuta

die Gewürze

viungo

das Ketchup

kechapu

der Senf

haradali

die Mayonnaise

kachumbari nzito

das Angebot
ofa maalum

der Kunde
mteja

die Milchprodukte
maziwa

das Obst
matunda

der Einkaufswagen
toroli

die Schlachterei

mchinjaji

die Bäckerei

mwokaji

wiegen

uzito

das Gemüse

mboga

das Fleisch

nyama

die Tiefkühlkost

chakula waliohifadhiwa

der Aufschnitt

vipande vya nyama baridi

die Konserven

chakula cha kopo

das Waschmittel

sabuni ya unga

die Süßigkeiten

pipi

die Haushaltsartikel

bidhaa za kaya

das Reinigungsmittel

bidhaa za kusafisha

die Verkäuferin

mtu mauzo

die Kasse

mpaka

der Kassierer

keshia

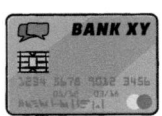

die Einkaufsliste

orodha ya manunuzi

die Öffnungszeitən

masaa ya ufunguzi

die Brieftasche

mkoba

die Kreditkarte

kadi

die Tasche

mfuko

die Plastiktüte

mfuko wa plastiki

das Wasser

maji

der Saft

sharubati

die Milch

maziwa

die Cola

coke

der Wein

mvinyo

das Bier

bia

der Alkohol

pombe

der Kakao

kakao

der Tee

chai

der Kaffee

kahawa

der Espresso

spreso

der Cappuccino

kapuchino

die Banane

ndizi

der Apfel

tufaha

die Orange

machungwa

die Melone

tikiti

die Zitrone

lemon

die Karotte

karoti

der Knoblauch

kitunguu saumu

der Bambus

mianzi

die Zwiebel

kitunguu

der Pilz

uyoga

die Nüsse

karanga

die Nudeln

nudo

die Spaghetti

spageti

der Reis

mpunga

der Salat

saladi

die Pommes frites

vibanzi

die Bratkartoffeln

viazi vya kukaanga

die Pizza

piza

der Hamburger

hambaga

das Sandwich

sandwichi

das Schnitzel

kipande

der Schinken

paja la mnyama

die Salami

salami

die Wurst

soseji

das Huhn

kuku

der Braten

choma

der Fisch

samaki

die Haferflocken

oats ya uji

das Müsli

muesli

die Cornflakes

cornflakes

das Mehl

unga

das Croissant

kroisanti

das Brötchen

andazi

das Brot

mkate

der Toast

mkate wa kubanika

die Kekse

biskuti

die Butter

siagi

der Quark

maziwa mgando

der Kuchen

keki

das Ei

yai

das Spiegelei

yai kukaanga

der Käse

jibini

die Eiscreme

aiskrimu

der Zucker

sukari

der Honig

asali

die Marmelade

jemu

die Nougat-Creme

kuenea kwa chokoleti

das Curry

mchuzi wa viungo

das Bauernhaus
nyumba ya kilimo

der Strohballen
majani bale

die Scheune
ghalani

das Feld
uwanja

das Pferd
farasi

der Anhänger
trela

das Fohlen
mtoto

der Traktor
trekta

der Esel
punda

das Schaf
kondoo

das Lamm
mwanakondoo

die Ziege

mbuzi

die Kuh

ng'ombe

das Kalb

ndama

das Schwein

nguruwe

das Ferkel

mwananguruwe

der Bulle

fahali

die Gans

batabukini

die Ente

bata

das Küken

kifaranga

das Huhn

kuku

der Hahn

jogoo

die Ratte

panya

die Katze

paka

die Maus

panya

der Ochse

ng'ombe

der Hund

mbwa

die Hundehütte

nyumba ya mbwa

der Gartenschlauch

bomba la bustani

die Gießkanne

debe la kumwagilia maji

die Sense

fyekeo

der Pflug

kulima

die Sichel

mundu

die Hacke

jembe

die Mistgabel

uma wa nyasi

die Axt

shoka

die Schubkarre

toroli

der Trog

kupitia nyimbo

die Milchkanne

chombo cha maziwa

der Sack

gunia

der Zaun

ua

der Stall

imara

das Treibhaus

chafu

der Boden

udongo

die Saat

mbegu

der Dünger

mbolea

der Mähdrescher

kivunaji

ernten

mavuno

die Ernte

mavuno

die Yamswurzel

viazi vikuu

der Weizen

ngano

das Soja

soya

die Kartoffel

viazi

der Mais

mahindi

der Raps

rapa

der Obstbaum

mti wa matunda

der Maniok

muhogo

das Getreide

nafaka

das Haus
nyumba

der Schornstein
chimni

das Dach
paa

die Regenrinne
bomba la maji ya mvua

das Fenster
dirisha

die Garage
gareji

die Klingel
kengele ya mlangoni

die Tür
mlango

der Mülleimer
pipa la taka

der Briefkasten
sanduku la barua

der Garten
bustani

das Wohnzimmer
sebuleni

das Badezimmer
bafu

die Küche
jikoni

das Schlafzimmer
chumba cha kulala

das Kinderzimmer
chumba ya mtoto

das Esszimmer
chumba cha kulia

der Boden

sakafu

die Wand

ukuta

die Decke

dari

der Keller

pishi

die Sauna

sauna

der Balkon

roshani

die Terrasse

mtaro

das Schwimmbad

kidimbwi

der Rasenmäher

mashine ya kukata nyasi

der Bettbezug

karatasi

die Bettdecke

kitambaa cha kupamba
kitanda

das Bett

kitanda

der Besen

ufagio

der Eimer

ndoo

der Schalter

kubadili

die Tapete
mandhari

das Bild
picha

die Lampe
taa

das Regal
rafu

der Schrank
kabati

der Fernseher
televisheni/runinça

der Kamin
mekoni

die Blume
ua

das Kissen
mto

das Sofa
sofa

die Vase
chombo cha maua

die Fernbedienung
kitenzambali

der Teppich
zulia

der Vorhang
pazia

der Tisch
meza

der Stuhl
kiti

der Schaukelstuhl
kiti cha bembea

der Sessel
armchair

das Buch

kitabu

die Decke

blanketi

die Dekoration

mapambo

das Feuerholz

kuni

der Film

filamu

die Stereoanlage

kifaa cha hi-fi

der Schlüssel

ufunguo

die Zeitung

gazeti

das Gemälde

uchoraji

das Poster

bango

das Radio

redio

der Notizblock

daftari

der Staubsauger

kifyonza

der Kaktus

dungusi kakati

die Kerze

mshumaa

der Kühlschrank
jokofu

die Mikrowelle
kikanza

die Küchenwaage
wadogo jikoni

der Toaster
kibaniko

das Reinigungsmittel
sabuni

der Backofen
stovu

das Gefrierfach
friza

der Mülleimer
pipa la taka

der Geschirrspüler
mashine ya kuoshea vyombo

der Herd

jiko la kupika

der Topf

chungu

der Eisentopf

sufuria ya chuma

der Wok / Kadai

wok / kadai

die Pfanne

kaango

der Wasserkocher

birika

der Dampfgarer

stima

das Backblech

sinia ya kuoka

das Geschirr

vyombo vya udongo

der Becher

kombe

die Schale

bakuli

die Essstäbchen

vijiti vya kulia

die Suppenkelle

ukawa

der Pfannenwender

mwiko mpana

der Schneebesen

burashi

das Kochsieb

kichujio

das Sieb

chujio

die Reibe

mbuzi

der Mörser

chokaa

der Grill

barbeque

die Feuerstelle

moto wazi

die Küche - jikoni

das Schneidebrett

ubao wa majaribio

das Nudelholz

kijiti cha kusukuma unga

der Korkenzieher

kizibuo

die Dose

kopo

der Dosenöffner

inaweza kopo

der Topflappen

kishikio cha chungu

das Waschbecken

karo

die Bürste

brashi

der Schwamm

sifongo

der Mixer

kisagaji matunda

die Gefriertruhe

friji ya kina

die Babyflasche

chupa ya mtoto

der Wasserhahn

bomba

die Dusche
mfereji wa kuogea

die Heizung
joto

das Handtuch
taulo

der Duschvorhang
pazia la kuogea

das Schaumbad
maji ya kuoga yenye povu

die Badewanne
hodhi

das Glas
glasi

die Waschmaschine
mashine ya kuosha

die Fliesen
vigae

der Wasserhahn
bomba

das Töpfchen
poti

das Waschbecken
karo

die Toilette

choo

die Hocktoilette

choo cha squat

das Bidet

beseni la mviringo

das Pissoir

choo cha umma

das Toilettenpapier

shashi

die Toilettenbürste

brashi ya choo

die Zahnbürste

mswaki

die Zahnpasta

dawa ya meno

die Zahnseide

dawa ya meno

waschen

safisha

die Handbrause

kuoga mkono

die Intimdusche

msukumo wa maji

die Waschschüssel

bonde

die Rückenbürste

mpako wa pili

die Seife

sabuni

das Duschgel

jeli ya kuogea

das Shampoo

shampuu

der Waschlappen

flana

der Abfluss

toa maji

die Creme

krimu

das Deodorant

kiondoa harufu

der Spiegel
kioo

der Kosmetikspiegel
kioo mkono

der Rasierer
kinyozi

der Rasierschaum
povu la kunyoa

das Rasierwasser
baada ya kunyoa

der Kamm
kichana

die Bürste
brashi

der Föhn
kikausha nywele

das Haarspray
marashi ya nyewele

das Makeup
vipodozi

der Lippenstift
kidomwa

der Nagellack
varnish ya msumari

die Watte
pamba

die Nagelschere
mkasi wa kucha

das Parfum
manukato

das Badezimmer - bafu

der Kulturbeutel

mkoba wa kuosha

der Hocker

kinyesi

die Waage

mizani

der Bademantel

nguo ya kuoga

die Gummihandschuhe

glavu za mpira

das Tampon

kisodo

die Damenbinde

sodo

die Chemietoilette

kemikali choo

der Wecker
saa ya kengele

das Kuscheltier
kidoli cha kupakata

das Spielzeugauto
gari bandia

die Rassel
kelele

das Puppenhaus
chumba cha midoli

das Geschenk
sasa

der Ballon
baluni

das Bett
kitanda

der Kinderwagen
mashua

das Kartenspiel
staha ya kadi

das Puzzle
mchezo-fumb

der Comic
vichekesho

die Legosteine

matofali lego

die Bausteine

vitalu mwigo

die Action Figur

hatua takwimu

der Strampelanzug

suti ya kulalia

das Frisbee

kisahani

das Mobile

simu

das Brettspiel

ubao wa michezo

der Würfel

kete

die Modelleisenbahn

garimoshi mwigo

der Schnuller

dummy

die Party

chama

das Bilderbuch

picha kitabu

der Ball

mpira

die Puppe

kikaragosi

spielen

kucheza

der Sandkasten

shimo la mchanga

die Schaukel

bembea

das Spielzeug

vitu bandia

die Spielkonsole

kiweko cha video ya
mchezo

das Dreirad

baiskeli ya magurudumu

der Teddy

mwanasesere

matatu

der Kleiderschrank

kabati

die Kleidung

nguo

die Socken

soksi

die Strümpfe

stokingi

die Strumpfhose

kibano

der Schal
skafu

der Regenschirm
mwavuli

das T-Shirt
fulana

der Gürtel
ukanda

der Stiefel
viatu

die Hausschuhe
ndara

die Turnschuhe
wakufunzi

die Sandalen

malapa

die Schuhe

viatu

die Gummistiefel

mabuti ya mpira

die Unterhose

suruali ya ndani

der Büstenhalter

sidiria

das Unterhemd

fulana

der Body

mwili

die Hose

suruali

die Jeans

dangirizi

der Rock

sketi

die Bluse

blauzi

das Hemd

shati

der Pullover

vuta

der Kapuzenpullover

sweta

der Blazer

bleza

die Jacke

jaketi

der Mantel

koti

der Regenmantel

koti la mvua

das Kostüm

maleba

das Kleid

gauni

das Hochzeitskleid

mavazi ya harusi

der Anzug

suti

das Nachthemd

vazi la usiku

der Schlafanzug

pajama

der Sari

sari

das Kopftuch

skafu

der Turban

kilemba

die Burka

burka

der Kaftan

kaftan

die Abaya

abaya

der Badeanzug

vazi la kuogelea

die Badehose

vazi la kiume la kuogelea

die kurze Hose

kaptura

der Trainingsanzug

teitei

die Schürze

aproni

die Handschuhe

glavu

der Knopf

kifungo

die Brille

glasi

das Armband

bangili

die Halskette

mkufu

der Ring

pete

der Ohrring

herini

die Mütze

kofia

der Kleiderbügel

kiango cha koti

der Hut

kofia

die Krawatte

tai

der Reißverschluss

zipu

der Helm

kofia

der Hosenträger

kanda za suruali

die Schuluniform

sare za shule

die Uniform

sare

das Lätzchen

bibu

der Schnuller

dummy

die Windel

nepi

das Büro
ofisi

der Server
seva

der Aktenschrank
kabati la kuweka faili

der Drucker
kichapishaji

der Monitor
kiwambo

das Papier
karatasi

der Schreibtisch
dawati

die Maus
kipanya

der Ordner
folda

die Tastatur
kibodi

der Stuhl
kiti

Papierkorb
bu cha kuweka karatasi chafu

der Computer
kompyuta

der Kaffeebecher

kmobe la kahawa

der Taschenrechner

kikokotoo

das Internet

biashara

der Laptop

mbali

der Brief

barua

die Nachricht

ujumbe

das Handy

rununu

das Netzwerk

intaneti

der Kopierer

fotokopia

die Software

programu

das Telefon

simu

die Steckdose

soketi

das Fax

kipepesi

das Formular

fomu

das Dokument

hati

kaufen

kununua

bezahlen

kulipa

handeln

biashara

das Geld

fedha

der Dollar

dola

der Euro

yuro

der Yen

yeni

der Rubel

rouble

der Franken

faranga ya Uswisi

der Renminbi Yuan

renminbi yuan

die Rupie

rupia

der Geldautomat

eneo la kulipia

die Wechselstube

ofisi ya ubadilishanaji

das Gold

dhahabu

das Silber

fedha

das Öl

mafuta

die Energie

nishati

der Preis

bei

der Vertrag

mkataba

die Steuer

kodi

die Aktie

bidhaa

arbeiten

kazi

der Angestellte

mfanyakazi

der Arbeitgeber

mwajiri

die Fabrik

kiwanda

das Geschäft

duka

der Polizist
afisa wa polisi

der Feuerwehrmann
mzimamoto

der Koch
mpishi

der Arzt
daktari

der Pilot
rubani

der Gärtner

mtunza bustani

der Tischler

seremala

die Näherin

mshonaji

der Richter

hakimu

der Chemiker

mwanakemia

der Schauspieler

muigizaji

der Busfahrer

dereva wa basi

der Taxifahrer

dereva wa teksi

der Fischer

mvuvi

die Putzfrau

mwanamke wa kusafisha

der Dachdecker

mwezekaji

der Kellner

mhudumu

der Jäger

mwindaji

der Maler

mchoraji

der Bäcker

mwokaji

der Elektriker

umeme

der Bauarbeiter

mjenzi

der Ingenieur

mhandisi

der Schlachter

mchinjaji

der Klempner

fundi bomba

der Postbote

mwanaposta

der Soldat

mwanajeshi

der Architekt

msanifu majengc

der Kassierer

keshia

der Florist

muuza maua

der Friseur

msusi

der Schaffner

kondakta

der Mechaniker

mekanika

der Kapitän

nahodha

der Zahnarzt

daktari wa meno

der Wissenschaftler

mwanasayansi

der Rabbi

rabbi

der Imam

imamu

der Mönch

mtawa

der Geistliche

kasisi

die Berufe - kazi

die Werkzeuge

zana

der Hammer
nyundo

die Zange
koleo

der Schraubendreher
bisibisi

der Schraubenschlüssel
spana

die Taschenlampe
kurunzi

der Bagger
mchimbaji

der Werkzeugkasten
sanduku la vifaa

die Leiter
ngazi

die Säge
msumeno

die Nägel
misumari

der Bohrer
kuchimba visima

reparieren

kukarabati

die Schaufel

sepetu

Mist!

Lo!

das Kehrblech

kishikio cha uchafu

der Farbtopf

chungu cha rangi

die Schrauben

skurubu

die Musikinstrumente
ala za muziki

der Lautsprecher
spika

das Schlagzeug
mpangilio wa ngoma

die Gitarre
gita

der Kontrabass
besi mara mbili

die Trompete
ta-umbeta

das Klavier

piano

die Violine

fidla

der Bass

ubeji

die Pauke

timpani

die Trommeln

ngoma

das Keyboard

kibodi

das Saxophon

saksafoni

die Flöte

filimbi

das Mikrofon

maikrofoni

bustani ya wanyama

der Eingang
lango la kuingia

der Tiger
simbamarara

der Käfig
ngome

das Zebra
pundamilia

das Tierfutter
chakula cha mifugo

der Panda
panda

die Tiere

wanyama

der Elefant

tembo

das Känguruh

kangaruu

das Nashorn

kifaru

der Gorilla

sokwe

der Bär

dubu

das Kamel

ngamia

der Strauß

mbuni

der Löwe

simba

der Affe

tumbili

der Flamingo

heroe

der Papagei

kasuku

der Eisbär

dubu

der Pinguin

penguini

der Hai

papa

der Pfau

tausi

die Schlange

nyoka

das Krokodil

mamba

der Zoowärter

mtunza wanyama

die Robbe

muhuri

der Jaguar

jaguar

der Zoo - bustani ya wanyama

das Pony

mwanafarasi

der Leopard

chui

das Nilpferd

kiboko

die Giraffe

twiga

der Adler

tai

das Wildschwein

nguruwe mwitu

der Fisch

samaki

die Schildkröte

kobe

das Walross

sili

der Fuchs

mbweha

die Gazelle

paa

das American Football
soka ya marekani

das Radfahren
uendeshaji baiskeli

das Tennis
tenisi

der Basketball
mpira wa kikapu

das Schwimmen
kuogelea

das Eishockey
magongo ya barafuni

das Boxen
ndondi

der Fußball
soka

das Badminton
vinyoya

die Leichtathletik
riadha

der Handball
mpira wa mikono

das Skilaufen
skii

das Polo
polo

lachen
cheka

springen
kuruka

umarmen
kumbatia

gehen
kutembea

singen
kuimba

träumen
ota ndoto

beten
kuomba

küssen
busu

schreiben
kuandika

zeichnen
kuteka

zeigen
angalia

drücken
sukuma

geben
kutoa

nehmen
kuchukua

haben

kuwa

tun

fanya

sein

kuwa

stehen

kusimama

laufen

kukimbia

ziehen

vuta

werfen

kutupa

fallen

kuanguka

liegen

hadaa

warten

kusubiri

tragen

kubeba

sitzen

kukaa

anziehen

vaa nguo

schlafen

usingizi

aufwachen

kuamka

ansehen

kuangalia

weinen

lia

streicheln

kiharusi

kämmen

chana nywele

reden

ongea

verstehen

kuelewa

fragen

kuuliza

hören

kusikiliza

trinken

kunywa

essen

kula

aufräumen

nadhifisha

lieben

upendo

kochen

mpishi

fahren

gari

fliegen

kuruka

segeln
meli

rechnen
kokotoa

lesen
kusoma

lernen
kujifunza

arbeiten
kazi

heiraten
kuoa

nähen
kushona

Zähne putzen
piga mswaki

töten
kuua

rauchen
moshi

senden
kutuma

die Großmutter
bibi

der Großvater
babu

der Vater
baba

die Mutter
mama

das Baby
mtoto

die Tochter
binti

der Sohn
bin

der Gast

mgeni

die Tante

shangazi

der Onkel

mjomba

der Bruder

kaka

die Schwester

dada

die Stirn
paji la uso

das Auge
jicho

die Schulter
bega

der Finger
kidole

das Gesicht
uso

das Kinn
kidevu

die Hand
mkono

die Brust
matiti

das Bein
mguu

der Arm
mkono

das Baby

mtoto

der Mann

mwanamume

die Frau

mwanamke

das Mädchen

msichana

der Junge

mvulana

der Kopf

kichwa

der Rücken

nyuma

der Bauch

tumbo

der Nabel

kitovu

der Zeh

chano

die Ferse

kisigino

der Knochen

mfupa

die Hüfte

nyonga

das Knie

goti

der Ellenbogen

kiwiko

die Nase

pua

das Gesäß

chini

die Haut

ngozi

die Wange

shavu

das Ohr

sikio

die Lippe

mdomo

der Mund

kinywa

der Zahn

jino

die Zunge

ulimi

das Gehirn

ubongo

das Herz

moyo

der Muskel

misuli

die Lunge

pafu

die Leber

ini

der Magen

tumbo

die Nieren

figo

der Geschlechtsverkehr

jinsia

das Kondom

kondomu

die Eizelle

ovari

das Sperma

shahawa

die Schwangerschaft

mimba

die Menstruation

hedhi

die Vagina

uke

der Penis

uume

die Augenbraue

unyusi

das Haar

nywele

der Hals

shingo

das Krankenhaus
hospitali

der Krankenwagen
gari la wagonjwa

der Rollstuhl
kiti cha magurudumu

der Bruch
jeraha

der Arzt

daktari

die Notaufnahme

chumba cha dharura

die Krankenschwester

muuguzi

der Notfall

dharura

ohnmächtig

kupoteza fahamu

der Schmerz

maumivu

die Verletzung

kuumia

die Blutung

kutokwa na damu

der Herzinfarkt

mshtuko wa moyo

der Schlaganfall

kiharusi

die Allergie

mzio

der Husten

kikohozi

das Fieber

homa

die Grippe

mafua

der Durchfall

kuharisha

die Kopfschmerzen

maumivu ya kichwa

der Krebs

kansa

die Diabetis

ugonjwa wa kisukari

der Chirurg

daktari mpasuaji

das Skalpell

kisu kidogo cha kupasulia

die Operation

operesheni

das CT

picha changanufu ya mwili

das Röntgen

Eksrei

das Ultraschall

mawimbi sauti

die Maske

barakoa ya uso

die Krankheit

ugonjwa

das Wartezimmer

chumba cha kusubiri

die Krücke

mkongojo

das Pflaster

plasta

der Verband

bendeji

die Injektion

sindano

das Stethoskop

stetoskopu

die Trage

machela

das Thermometer

kipimajoto cha kliniki

die Geburt

kuzaliwa

das Übergewicht

unene kupita kiasi

das Hörgerät

kusikia misaada

das Desinfektionsmittel

kipukusi

die Infektion

maambukizi

das Virus

virusi

das HIV / AIDS

VVU / UKIMWI

die Medizin

dawa

die Impfung

chanjo

die Tabletten

vidonge

die Pille

kidonge

der Notruf

simu ya dharura

das Blutdruck-Messgerät

haemodainamometa

krank / gesund

mgonjwa / mwenye afya

Hilfe!

Msaada!

der Alarm

kengele

der Überfall

pigo

der Angriff

shambulizi

die Gefahr

hatari

der Notausgang

lango la dharura

Feuer!

Moto!

der Feuerlöscher

kizima moto

der Unfall

ajali

der Erste-Hilfe-Koffer

vifaa vya huduma ya kwanza

SOS

wito wa msaada

die Polizei

polisi

das Europa

Ulaya

das Nordamerika

Amerika ya Kaskazini

das Südamerika

Amerika ya Kusini

das Afrika

Afrika

das Asien

Asia

das Australien

Australia

der Atlantik

Atlantiki

der Pazifik

Pasifiki

der Indische Ozean

Bahari ya Hindi

der Antarktische Ozean

Bahari ya Antaktiki

der Arktische Ozean

Bahari ya Aktiki

der Nordpol

Ncha ya Kaskazini

der Südpol

Ncha ya Kusini

die Antarktis

Antaktika

die Erde

dunia

das Land

nchi

das Meer

bahari

die Insel

kisiwa

die Nation

taifa

der Staat

jimbo

das Zifferblatt

uso wa saa

der Stundenzeiger

akrabu ya saa

der Minutenzeiger

akrabu ya dakika

der Sekundenzeiger

akrabu ya sekunde

Wie spät ist es?

Ni saa ngapi?

der Tag

siku

die Zeit

wakati

jetzt

sasa

die Digitaluhr

saa ya dijitali

die Minute

dakika

die Stunde

saa

der Montag
Jumatatu

der Mittwoch
Jumatano

der Freitag
Ijumaa

der Dienstag
Jumanne

der Donnerstag
Alhamisi

der Samstag
Jumamosi

der Sonntag
Jumapili

gestern

jana

heute

leo

morgen

kesho

der Morgen

asubuhi

der Mittag

saa sita mchana

der Abend

jioni

MO	TU	WE	TH	FR	SA	SU
1	2	3	4	5	6	7
8	9	10	11	12	13	14
15	16	17	18	19	20	21
22	23	24	25	26	27	28
29	30	31	1	2	3	4

die Arbeitstage

siku za biashara

MO	TU	WE	TH	FR	SA	SU
1	2	3	4	5	6	7
8	9	10	11	12	13	14
15	16	17	18	19	20	21
22	23	24	25	26	27	28
29	30	31	1	2	3	4

das Wochenende

mwishoni mwa wiki

der Regen
mvua

der Regenbogen
upinde wa mvua

der Schnee
theluji

der Wind
upepo

der Frühling
majira ya machipuko

der Herbst
vuli

der Sommer
kiangazi

der Winter
majira ya baridi

4.APRIL	11°	
5.APRIL	4°	
6.APRIL	13°	
7.APRIL	8°	
8.APRIL	10°	

die Wettervorhersage

utabiri wa hali ya hewa

das Thermometer

kipimajoto

der Sonnenschein

mwanga wa jua

die Wolke

wingu

der Nebel

ukungu

die Luftfeuchtigkeit

unyevu

der Blitz

umeme

der Donner

radi

der Sturm

dhoruba

der Hagel

mvua ya mawe

der Monsun

monsuni

die Flut

mafuriko

das Eis

barafu

der Januar

Januari

der Februar

Februari

der März

Machi

der April

Aprili

der Mai

Mei

der Juni

Juni

der Juli

Julai

der August

Agosti

der September
Septemba

der Oktober
Oktoba

der November
Novemba

der Dezember
Desemba

die Formen
maumbo

der Kreis
mduara

das Quadrat
mraba

das Rechteck
mstatili

das Dreieck
pembetatu

die Kugel
nyanja

der Würfel
mchemraba

weiß

nyeupe

gelb

manjano

orange

chungwa

pink

rangi ya waridi

rot

nyekundu

lila

hudhurungi

blau

bluu

grün

kijani

braun

hanja

grau

jivujivu

schwarz

nyeusi

viel / wenig

mengi / kidogo

wütend / friedlich

hasira / pole

hübsch / hässlich

nzuri / mbaya

der Anfang / das Ende

mwanzo / mwisho

groß / klein

kubwa / ndogo

hell / dunkel

angavu / giza

der Bruder / die Schwester

kaka / dada

sauber / schmutzig

safi / chafu

vollständig / unvollständig

kamilika / tokamilika

der Tag / die Nacht

siku / usiku

tot / lebendig

wafu / hai

breit / schmal

pana / nyembamba

genießbar / ungenießbar

kulika / kutolika

böse / freundlich

ovu / ema

aufgeregt / gelangweilt

sisimkwa / udhika

dick / dünn

nene / nyembamba

zuerst / zuletzt

kwanza / mwisho

der Freund / der Feind

rafiki / adui

voll / leer

jaa / tupu

hart / weich

ngumu / laini

schwer / leicht

nzito / nyepesi

der Hunger / der Durst

njaa / kiu

krank / gesund

mgonjwa / mwenye afya

illegal / legal

haramu / kisheria

intelligent / dumm

akili / kijinga

links / rechts

kushoto / kulia

nah / fern

karibu / mbali

neu / gebraucht

mpya / kutumika

nichts / etwas

kitu / jambo

alt / jung

zee / changa

an / aus

waka / zima

offen / geschlossen

wazi / fungwa

leise / laut

utulivu / kelele

reich / arm

tajiri / masikini

richtig / falsch

sahihi / kosa

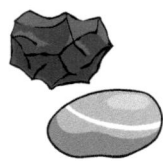

rau / glatt

mbaya / laini

traurig / glücklich

huzunika / furahia

kurz / lang

fupi /ndefu

langsam / schnell

polepole / haraka

nass / trocken

nyevu / kavu

warm / kühl

joto / baridi

der Krieg / der Frieden

vita / amani

die Gegenteile - kinyume

0

null

sufuri

1

eins

moja

2

zwei

mbili

3

drei

tatu

4

vier

nne

5

fünf

tano

6

sechs

sita

7

sieben

saba

8

acht

nane

9

neun

tisa

10

zehn

kumi

11

elf

kumi na moja

12	**13**	**14**
zwölf	dreizehn	vierzehn
kumi na mbili	kumi na tatu	kumi na nne

15	**16**	**17**
fünfzehn	sechzehn	siebzehn
kumi na tano	kumi na sita	kumi na saba

18	**19**	**20**
achtzehn	neunzehn	zwanzig
kumi na nane	kumi na tisa	ishirini

100	**1.000**	**1.000.000**
hundert	tausend	million
mia	elfu	milioni

Englisch

Kiingereza

Amerikanisches Englisch

Kiingereza cha Marekani

Chinesisch Mandarin

Kimandarini cha Uchina

Hindi

Kihindi

Spanisch

Kihispania

Französisch

Kifaransa

Arabisch

Kiarabu

Russisch

Kirusi

Portugiesisch

Kireno

Bengalisch

Kibengali

Deutsch

Kijerumani

Japanisch

Kijapani

ich
mimi

du
wewe

er / sie / es
yeye / yeye / ni

wir
sisi

ihr
wewe

sie
wao

wer?
nani?

was?
nini?

wie?
jinsi gani?

wo?
wapi?

wann?
lini?

Name
jina

hinter

nyuma

in

katika

vor

mbele ya

über

juu ya

auf

kwenye

unter

chini ya

neben

kando

zwischen

kati

der Ort

mahali